📖 주제

• 도전   • 실패   • 선택   • 경쟁   • 의지

📖 활용 학년 및 교과 연계

초등 과정	2-1 통합	봄2 > 1. 알쏭달쏭 나
	3학년 도덕	2. 인내하며 최선을 다하는 생활
	3-1 국어	5. 중요한 내용을 적어요
	4-2 사회	3. 사회 변화와 문화의 다양성
	6-1 과학	1. 과학자처럼 탐구해 볼까요?
	6-2 국어	1. 작품 속 인물과 나

실패 좀 하면 어때?

초등 첫 인문철학왕 13
실패 좀 하면 어때?

글쓴이 오수민 | **그린이** 허구 | **해설** 손아영
기획편집 이정희 | **편집** 최정미 박주원
디자인 문지현 김수인 | **생각 실험 디자인** 이유리

펴낸이 이경민 | **펴낸곳** ㈜동아엠앤비
출판등록 2014년 3월 28일(제25100-2014-000025호)
주소 (03972) 서울특별시 마포구 월드컵북로22길 21, 2층
전화 (편집) 02-392-6901 (마케팅) 02-392-6900 | **팩스** 02-392-6902
홈페이지 www.moongchibooks.com | Ch 뭉치북스 Instagram 뭉치북스

※ 잘못된 책은 구입한 곳에서 바꿔 드립니다.
※ 이 책에 실린 사진은 셔터스톡, 위키피디아, 게티이미지뱅크(코리아)에서 제공받았습니다. 그 밖의 제공처는 별도 표기했습니다.

도서출판 뭉치는 ㈜동아엠앤비의 어린이 출판 브랜드로, 아이들의 지식을 단단하게 만들어 주고,
아이들의 창의력과 사고력을 키워 주어 우리 자녀들이 융합형 사고뭉치와 창의뭉치로
성장할 수 있도록 좋은 책을 만들겠습니다.

'질문'의 힘! '생각'의 힘!
'미래 인재'로 가는 힘!

어린이와 학부모님들께 《초등 첫 인문철학왕》을 추천할 수 있어서 매우 기쁩니다. 어린이들이 이 시리즈를 통해 '나'에 대해, 나와 공동체 사이의 소통에 대해, 세상의 이치와 진리에 대해 마음껏 질문하고 생각하기를 바라기 때문입니다. 그렇게 되면 창의적으로 문제를 해결하는 힘 또한 커질 수 있다고 믿기 때문이지요.

'제4차 산업혁명의 시대'라는 말처럼 우리는 모든 것이 혁신적으로 변화하는 시대에 살고 있습니다. 스마트폰, 인공 지능, 첨단 로봇 등 새로운 기술과 지식이 나오는 속도도 이전과 비교할 수 없을 정도로 빨라졌지요. 세상에 넘쳐나는 지식과 정보는 이제 누구나 쉽게 구할 수 있고, 개인의 두뇌에 담아낼 수 있는 용량을 넘어선 지 오래입니다. 결국 이 시대의 아이들에게 필요한 것은 지식보다는 그 지식을 다루는 지혜와 창의성 아닐까요?

7차 교육과정 개정 이후 학교 교육도 이러한 시대 흐름에 맞추어 미래 사회가 요구하는 인문학적 상상력과 과학기술 창조력을 두루 갖춘 창의융합형 인재를 양성하는 것을 목표로 합니다.

'철학'은 '지혜를 사랑하는'이란 뜻을 가진 말입니다. 이 학문은 여러분처럼 모든 것에 호기심 많았던 철학자들로부터 시작됩니다. 아주 오래전부터 인간, 사회, 자연, 우주, 진리 등 다양한 분야에서 다른 사람들보다 더 깊이, 더 많이, 그리고 아주 끈질기게 했던 수많은 질문과 탐구를 하며 만들어졌습니다.

마치 높은 곳에 올라가면 마을 전체를 내려다볼 수 있는 넓은 시야를 얻게 되듯이, 철학을 한다는 것은 하나의 문제를 더 큰 눈으로 볼 수 있게 되는 것이랍니다. 그러면 어떤 점이 좋을까요? 더 넓게 보는 눈, 더 깊이 있게 보는 눈, 다른 사람들이 생각하지 못한 부분들을 상상하고 찾아낼 수 있는 눈이 생깁니다. 또 우리 앞의 문제들을 자신만의 창의적인 방법으로 해결할 수도 있고, 그 문제를 해결하다가 다른 더 큰 문제를 발견하여 미리 처리할 수도 있습니다.

《초등 첫 인문철학왕》은 바로 그러한 생각의 눈을 아주 활짝 열어 줄 것입니다. 주제와 관련된 재미있는 동화, 이와 연결된 깊이 있는 인문 해설과 철학 특강, 창의·탐구 활동 등으로 구성된 시리즈는 아이들이 세상에 넘쳐 나는 지식을 지혜롭게 다루는 힘을 길러서, 문제해결력을 갖춘 창의적 인재로 성장할 수 있게 해 줄 것입니다.

그러니 이 책을 읽으며 여러 분야에서 떠오르는 호기심과 질문들을 혼자만 가지고 있지 말고 친구, 가족과도 나누어 보시길 바랍니다. 모두가 질문하고 생각하는 힘이 생긴다면, 어려운 문제들을 함께 해결해 나가는 공동체를 만들 수 있겠지요?

이 책을 읽는 여러분들 모두, 그런 멋진 공동체를 하나둘 만들어 나가는 지혜로운 미래 인재가 되기를 기대합니다.

이지애 드림
(이화여대 철학과 부교수, 한국 철학교육 학회 회장)

초등 첫 인문철학왕
이렇게 활용하세요!

생각 실험

생각 실험은 어떤 사실을 알기 위해 여러 가지 실험과 사례를 연구하는 것이에요. 철학이나 자연 과학 분야 등에서 널리 사용되는 방법이에요. 권마다 주제에 관련된 실험, 유명한 인물의 사례 등을 읽으며 상상력과 문제 해결력을 키워 보세요.

만화 & 동화

40권의 인문 철학 주제별로 아이들의 생활 세계 속 이야기, 패러디 동화 등이 다양하게 펼쳐져요. 처음과 중간은 만화, 본문은 그림 동화로 되어 있어서, 재미난 이야기에 푹 빠질 수 있어요.

인문철학왕되기

오랫동안 어린이들과 함께 철학 수업을 연구하고 진행해 온 한국 철학교육연구원 소속 교수와 연구진들이 집필했어요.

소쌤의 철학 특강, 인문 특강, 창의 특강으로 구성되었어요. 주제와 이야기 안에 숨겨진 철학적 문제들에 대해 함께 답을 찾아갈 수 있도록 깊이 있는 토론과 특강, 그리고 재미있는 활동으로 구성되었어요.

난 질문하는 **소크라테스**! 문제를 해결할 수 있도록 도와주지!

난 **뭉치**. 같이 생각하고 토론하지!

난 늘 창의적인 **새롬**이!

난 생각이 깊은 **지혜**!

교과 연계

각 권마다 최신 개정 교과서 단원과 연계되어 교과 학습에 도움이 되도록 구성되었어요. 권별로 확인하세요.

이 책의 차례

추천사 4

구성과 활용 6

생각 실험 여성 화가의 도전 정신! 10

만화 실패해도 괜찮아 20

날아라! 플라이어호 22
- 인문철학왕되기1   도전이란 무엇일까?
- 소쌤의 인문 특강   발명의 근원, 호기심과 상상력

켄터키 할아버지의 도전 42
- 인문철학왕되기2   우리는 왜 선택하고 도전할까?
- 소쌤의 철학 특강   도전하는 과정에서 누군가 상처받지 않으려면?

| 만화 | 실패는 답을 찾기 위한 과정이야 ········· 62

에베레스트를 향하여 ··································· 68
- 인문철학왕되기3 다른 사람의 도움을 받으면 도전이 쉽다고?
- 소쌤의 창의 특강 나의 도전과 다른 사람의 행복을 조화시키려면?

세상을 밝힌 여섯 개의 점 ··························· 86
- 인문철학왕되기4 만일 나라면?
- 창의활동 나만의 상상 요리에 도전하기!

생각 실험

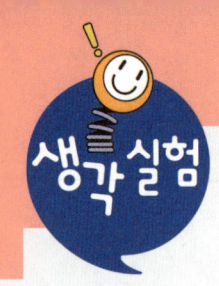

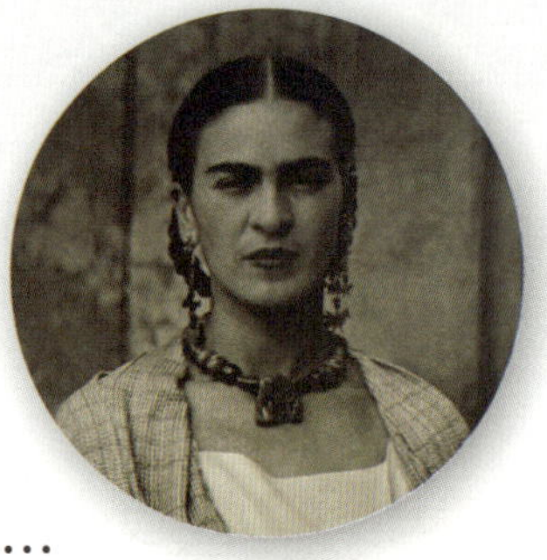

여성 화가의 도전 정신!

소아마비, 교통사고로 인한 하반신 마비…….
수많은 장애에도 포기하지 않고 새로운 도전을 시도해
성공한 **멕시코 화가 프리다 칼로를 소개합니다!**

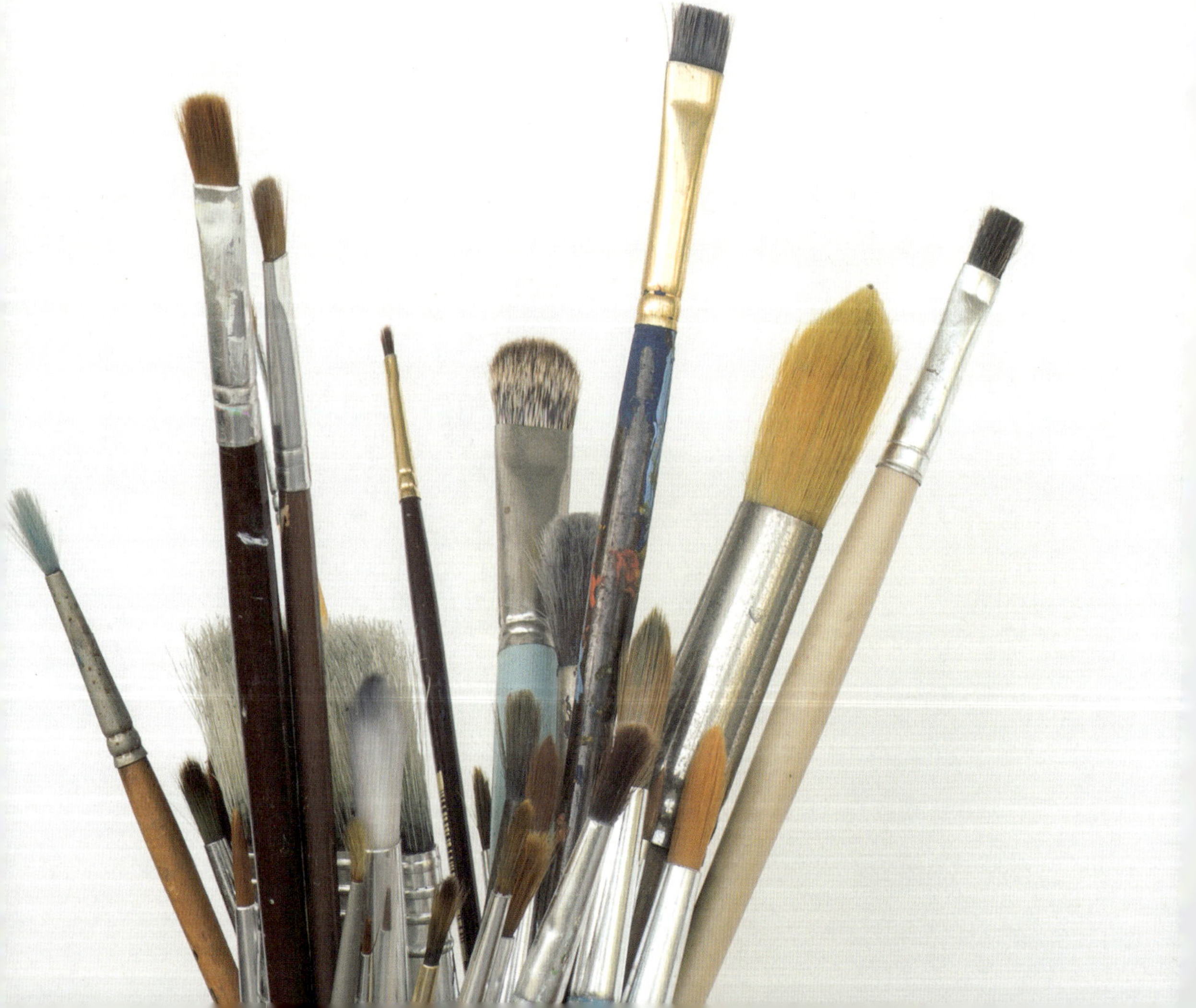

프리다 칼로는 1907년 여름, 멕시코에서 태어났어요.
독일인인 아버지가 **평화를 뜻하는 '프리다(Frida)'**라는
이름을 붙여 주었지요.
하지만 **프리다는 '평화'를 의미하는 그녀의
이름과는 정반대되는 삶**을 살았답니다.

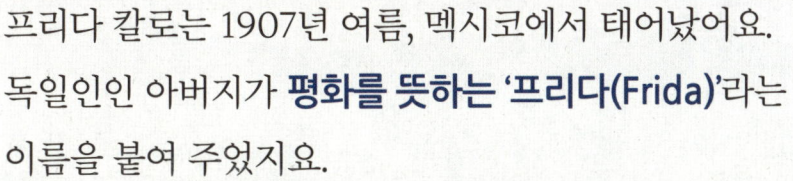

이름이 평화를
의미한다니,
너무 멋진 이름인걸.

어! 나 이분 책에서
봤어. 유명한
분이었구나.

여섯 살 때 프리다는 소아마비라는 병에 걸렸어요.

그래서 어려서부터 몸이 불편하고 약했지요. 하지만 장애에도 굴하지 않고 의사가 되겠다며 당당하게 **의학을 공부**했어요.

열여덟 살 때 프리다는 온몸이 부서지는 교통사고를 당했어요. 의사들은 모두 그녀가 살아나지 못할 것이라고 했지요.

몇 주가 지나 기적적으로 프리다가 눈을 떴지만, **다리를 움직일 수 없었어요.** 바깥 구경을 할 수도 없었고 아홉 달 동안을 꼼짝없이 누워 천장만 바라보아야 했지요. 그녀는 통증만큼이나 고통스러운 지루함과 싸우며 깨닫게 되었답니다.

'나를 구원할 수 있는 것은 이제 그림뿐이야.'

프리다의 아버지는 **그녀가 누운 자세로 그림을 그릴 수 있도록 장치를 마련했어요.** 다른 가족도 그녀가 편안하게 그림을 그릴 수 있도록 많은 도움을 주었지요.

그녀는 **천장에 매단 거울에 비친 자신을 보면서 손만 겨우 움직여 자신의 모습을 그렸어요.** 그녀가 제일 잘 아는 주제는 바로 자기 자신이었으니까요. 이후로도 그녀는 **55점이 넘는 자화상**을 그렸답니다.

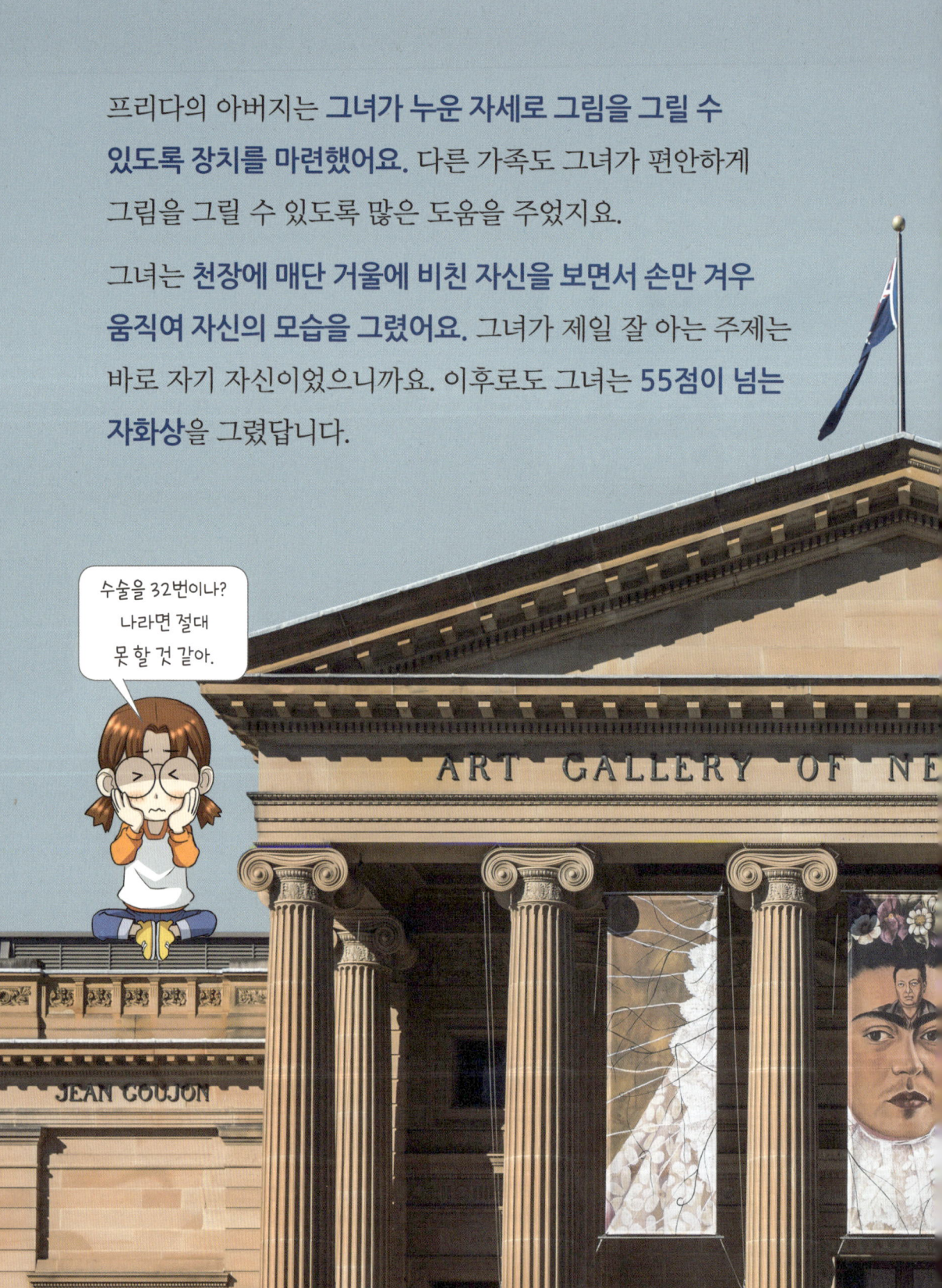

수술을 32번이나? 나라면 절대 못 할 것 같아.

프리다는 짧은 생애 동안 무려 32번의 외과 수술을 받아야 했습니다.

하지만 절대 포기하지 않고 삶에 대한 강한 의지와 열정적인 삶을 그림에 담아내 세계적인 주목을 받았답니다. 중남미 여성 작가 중 처음으로 루브르 박물관에 작품이 전시되어 **21세기 최고의 여성 예술가**로 이름을 날렸지요.

프리다처럼 꿈을 이루기도 전에 사고를 당해 어려움에 처했다고 상상해 보세요!

프리다가 실패할까 봐 불안해 새로운 것을 시도하지 않고 포기했다면 훌륭한 화가가 되어 많은 사람에게 영향력을 끼칠 수 없었을 거예요. 실패할지도 모른다는 불안을 극복하고 새로운 것에 도전했기에 프리다는 최고의 여성 예술가로 이름을 날릴 수 있었답니다.

여러분도 프리다처럼 꿈을 포기하지 않고
도전해 보고 싶지 않나요?

"
지금 내가 가장 도전하기 쉬운 것은 무엇인가요?

도전과 의지는 우리 삶에 어떤 변화를 주나요?
"

의지만 있다면 프리다처럼 어떤 어려움도 이겨 낼 수 있을 것 같아.

프리다도 할 수 있다면 나도 할 수 있을 것 같아! 도전!

날아라! 플라이어호 - 라이트 형제
목표가 있기에 도전한다

미국 오하이오에 데이턴이란 마을이 있었어요. 이곳에 사는 윌버 라이트와 오빌 라이트는 성실하고 영리한 청년들이었지요. 둘은 1892년에 함께 자전거 가게를 냈어요. 형제는 손기술이 좋을 뿐 아니라 자전거를 사랑했어요. 자전거의 핸들, 페달, 바퀴 등에 대해서도 모르는 게 없었어요. 그래서 '라이트 자전거 가게'도 잘 운영했답니다. 라이트 형제는 자전거를 직접 만들어서 팔았고 수리도 뚝딱뚝딱 해 주었어요. 그러던 어느 날 윌버는 놀라운 신문 기사를 읽었어요.

"오빌, 독일에 사는 오토 릴리엔탈이라는 항공 개발자가 글라이더로 하늘을 나는 실험을 하다 사고로 죽었대."

"하늘을 나는 실험? 사람이 하늘을 날았다고?"

"글라이더에 날개를 달고서 바람을 타고 날았대."

윌버와 오빌은 오토 릴리엔탈의 비행 실험에 호기심을 느꼈어요. 둘은 릴리엔탈에 대한 잡지와 기사를 모두 찾아 읽었어요.

오토 릴리엔탈은 새처럼 날기 위해 새를 관찰했어요. 황새의 날갯짓을 연구해서 커다란 날개 모양의 글라이더를 열여섯 종류나 만들었지요. 릴리엔탈은 그 글라이더를 붙잡고 비탈을 달려 내려가며 바람을 탔어요. 바람을 탄 날개는 하늘로 휘익 솟아올랐다 땅으로 내려왔답니다. 오토 릴리엔탈은 2천 번이 넘는 비행 실험을 했어요.

"오빌, 어릴 적에 아빠가 사다 주셨던 박쥐 기억나?"

"그럼. 박쥐처럼 하늘을 나는 게 우리 꿈이었지."

두 사람은 어릴 적 갖고 놀던 장난감을 떠올렸어요. 아빠가 사다 준 그 장난감은 프로펠러가 달린 막대기를 고무줄로 빙빙 꼬아 놓은 것이었어요. 고무줄이 풀리면서 하늘을 날도록 만들었지요.

둘은 장난감에 이름도 붙였어요.

"이 녀석 이름은 박쥐야."

꼬마 윌버와 오빌은 박쥐를 날리며 하늘을 나는 상상에 빠지곤 했어요. 새처럼, 나비처럼 훨훨 날 수 있다면 얼마나 멋질까!

윌버와 오빌은 릴리엔탈에 관한 기사를 보며 어릴 적 꿈을 다시 떠올렸어요.

"그 꿈 이룰 수 있지 않을까? 우리가 하늘을 자유롭게 나는 기계를 만들 수 있지 않을까? 아직 아무도 해내지 못한 일에 도전해 보는 거야."

이 순간 라이트 형제의 가슴속에 특별한 목표가 새겨졌어요. 형

제는 세상에 누구도 해내지 못한, 모두가 불가능으로 여기는 비행의 꿈에 도전하고 싶어졌어요.

"우리 해보자!"

윌버와 오빌의 눈은 어느 때보다 맑게 빛났어요. 가슴에서 뜨거운 열정과 의지가 솟아올랐어요. '하늘을 나는 기계'를 만드는 것은 인생을 걸고 도전해야 할 최고의 목표가 되었어요.

목표를 세우자 할 일이 뚜렷해졌어요.

윌버와 오빌은 자전거 가게 일을 하면서 틈틈이 새와 비행에 관한 책을 찾아 읽었어요. 비행 연구소인 스미소니언 연구소에 편지를 써서 비행에 관한 책 목록을 받아 보았고, 그곳에서 만든 자료집도 꾸준히 받아 공부했어요. 일요일에는 자전거를 타고 들판으로 나가 날아다니는 새들을 관찰했어요.

"저 새들을 봐. 자기 몸을 이리저리 움직여서 무게 중심을 옮기며 날고 있어."

"새들은 자기 날개 끝의 각도를 조정해서 좌우로 방향을 바꾸며 하늘을 나는 듯해. 우리도 그런 날개를 만들어야 해."

윌버와 오빌의 첫 연구는 날개에 대한 것이었어요.

어느 날 연구에 빠져 있던 윌버는 집에서 작은 판지 상자의 양쪽 끝을 없앤 뒤 상자의 위아래를 손으로 눌렀어요. 그러자 상자의 위아래가 휘어졌어요.

"이거 꼭 새의 날개처럼 움직이네?"

윌버가 상자를 살짝 비틀자 상자의 위아래가 비틀어졌어요. 그건 꼭 새가 공기를 타고 날 때의 움직임 같았어요.

"그래, 날개를 두 겹으로 만들어 보자!"

윌버와 오빌은 날개가 위아래로 두 개 달린 '복엽식 날개'를 만들었어요.

두 사람은 다음으로 조종 장치를 연구했어요.

"비행기가 잘 날려면 자전거를 탈 때처럼 균형을 잘 잡아야 해."

"자전거를 탈 때 처음부터 균형을 잘 잡는 사람은 없어. 여러 번 넘어지면서 균형 잡는 법을 배워 나가지. 비행기도 마찬가지 아닐까? 사람이 날개를 조종해서 균형을 잡는다면 하늘도 잘 날 수 있을 거야."

라이트 형제는 날개와 조종 장치에 관한 연구를 바탕으로 실험용 글라이더 1호를 만들었어요. 형제는 고향에서 멀리 떨어진 노스캐롤라이나주의 키티호크라는 작은 바닷가 마을을 실험 장소로

삼았어요. 키티호크 바닷가에는 너른 모래 언덕과 해변이 있었고, 이곳을 거친 바람이 내달렸어요. 비행 실험을 하기에 이보다 좋을 수 없었지요. 라이트 형제는 이곳에서 1호를 날리는 실험을 하고 캠프도 차렸어요.

이듬해에도 라이트 형제는 키티호크로 떠났어요. 둘은 새로 만든 2호를 실험할 생각에 들떠 있었어요.

"저번보다 멀리 날아가겠지?"

"그럼. 우리가 얼마나 노력해서 만들었는데."

하지만 2호를 탄 윌버는 이상한 점을 느꼈어요.

"왜 이러지? 1호보다 조종이 안 되잖아?"

안타깝게도 2호는 1호보다 나은 게 하나도 없었어요. 1년 동안 수백 번이나 비행 실험을 하며 날개의 설계를 고치고 또 고쳤던 노력은 물거품이 되었지요. 윌버는 실망했지만, 곧 속상한 마음을

훌훌 털어냈어요.

"우리, 다시 시작하자. 하나씩 새롭게 실험해서 제대로 된 날개를 만들어야 해."

라이트 형제는 날개 실험을 위해 바람을 내는 기계인 풍동을 만들었어요. 그리고 수십 종의 날개 모형을 만들어 하나하나 풍동에 날리는 실험을 했어요. 그 실험을 통해 가장 좋은 날개를 찾아내었고 곧 글라이더 3호를 만들었어요.

"형. 새 글라이더를 얼른 타 보고 싶어."

라이트 형제는 다시 키티호크로 가서 글라이더 3호가 나는 걸 확인했어요. 3호는 멋지게 바람을 탔어요. 그동안의 날개 실험이 성공한 거예요.

"우리가 날개 문제를 해결했어. 이제 조종 차례야."

"글라이더를 조종할 줄 알아야 진짜 비행기도 조종할 수 있어. 우리 글라이더 조종 기술을 익히자."

라이트 형제는 3호를 타고 번갈아 조종 연습을 했어요. 하늘 위로 날아오르고, 앞으로 나가고, 아래로 내려가고, 옆으로 빙 돌고, 모래땅에 착륙하는 연습을 천여 번이나 했어요.

집으로 돌아온 라이트 형제는 미뤄 뒀던 연구를 시작했어요. 비행기에 달 가벼운 엔진을 만들었고, 비행기에 맞는 프로펠러도 만들었어요. 형제는 '하늘을 나는 기계'를 만들겠다는 목표에 차근차근 다가가고 있었어요.

1903년에 라이트 형제는 두 개의 긴 날개와 두 개의 프로펠러, 가벼운 엔진을 가진 '플라이어호'를 만들었어요.

"플라이어호가 정말 하늘을 날 수 있을까?"

"키티호크로 가서 확인하자."

라이트 형제는 키티호크로 다시 떠났어요. 둘은 무거운 플라이어호를 띄우기 위해 해변에 나무 판자를 깔아 활주로를 만들었어요. 활주로에는 썰매 날을 단 수레를 놓았고, 그 수레 위에 플라이어호를 올렸어요.

12월 14일에 키티호크는 '하늘을 나는 실험을 한다.'는 소식으로 들썩였어요. 마을 사람들이 우르르 쏟아져 나와 새로운 기계를 구경했지요. 사람들은 비행기의 모습을 보고 눈이 휘둥그레졌어요.

"엔진까지 달았네? 저 무거운 기계가 정말 하늘을 날까?"

비행기에 오르기 전, 윌버와 오빌은 하늘로 동전을 던졌어요.

동전 던지기에서 이긴 사람이 먼저 비행기를 조종하기로 했거든요. 승자는 윌버였어요.

"윌버 형, 다녀 와."

윌버는 고개를 끄덕이고 조종석으로 갔어요. 윌버가 탄 비행기 플라이어호는 활주로를 내달렸어요. 하지만 플라이어호는 위로 훌쩍 솟구쳤다가 잠시 뒤 모래밭으로 뚝 떨어지고 말았어요. 긴장한 윌버가 조종 실수를 한 거예요.

구경꾼들은 실망한 얼굴로 혀를 찼어요.

"실패네, 실패야. 저렇게 무거운 기계가 하늘을 어떻게 날겠어?"

"하늘을 나는 기계라니, 말이 돼? 날도 추운데 괜히 나왔네."

사람들은 옷깃을 여민 채 투덜대며 돌아갔어요.

모두가 실패라고 생각했지만, 윌버와 오빌의 생각은 사람들과 달랐어요.

"오빌, 플라이어호에는 아무 문제도 없어. 내가 조종 실수만 안 했으면 하늘을 날았을 거야."

"내 생각도 같아, 형."

두 사람은 3일 뒤인 12월 17일에 다시 실험하기로 했어요. 이날에는 차가운 겨울바람이 씽씽 불어 왔어요. 물웅덩이에는 살얼음이 얼었고, 코트 자락은 세차게 펄럭였어요.

이날 라이트 형제는 다시 실험에 나섰어요. 하지만 사흘 전 실험에 실망한 사람들은 집 밖으로 나와 볼 생각도 안 했어요.

"이렇게 추운데 또 떨어지는 꼴을 왜 보러 가요? 안 가요, 안 가."

이날 구경을 나온 사람들은 고작 다섯 명뿐이었어요. 해안 경비대원 세 명과 어쩌다 구경하게 된 사업가와 청소년 두 명이 전부였지요.

라이트 형제는 구경꾼들의 도움을 받아 플라이어호를 활주로로

끌고 갔어요.

　오빌은 플라이어호에 오르기 전 윌버와 굳게 악수를 했어요. 두 사람의 손은 굳은살로 단단했어요. 부품을 직접 깎아 만들고, 수없이 많은 연구를 해 나가며 생긴 굳은살이었어요.

　"오빌, 넌 잘할 거야. 멋지게 날아 봐."

　마침내 오빌이 플라이어호에 올랐어요.

　플라이어호는 활주로를 타고 앞으로 나아가, 하늘로 붕 떠올랐어요. 경비대원 중 한 명이 이 장면을 카메라로 찍었어요.

　찰칵.

　플라이어호가 하늘로 떠오르는 모습이 사진으로 남았어요.

　거대한 기계가 맞바람을 뚫고 하늘로 날아오르는 모습에 구경꾼들은 입을 떡 벌렸어요.

　"맙소사, 내가 제대로 보고 있는 거야? 저 무거운 놈이 바람 반대 방향으로 하늘을 날고 있어."

　오빌이 조종한 플라이어호가 하늘을 난 시간은 12초, 날아간 거리는 36미터였어요.

　이날 라이트 형제는 플라이어호를 번갈아 조종했어요. 두 번째로 비행에 나선 윌버는 53미터를 날아갔고, 세 번째로 탄 오빌은 60미

터를 날아갔어요. 네 번째로 플라이어호에 탄 윌버는 거의 1분 동안 하늘에 떠 있으면서 260미터를 훌쩍 날아갔답니다.

지켜보던 구경꾼들 입에서 함성이 터져 나왔어요.

"방금 봤어? 새처럼 하늘을 날고 있어!"

"라이트 형제가 진짜로 해냈어. 와아!"

라이트 형제는 다섯 명의 구경꾼이 지켜보는 가운데 하늘을 나는 도전에 성공했어요. 하늘을 날고자 했던 인류의 꿈이 작은 마을에서 자전거 가게를 운영하던 라이트 형제에 의해 이루어진 거예요.

어릴 적 하늘을 날고 싶었던 라이트 형제는 오토 릴리엔탈의 기사를 보고 '하늘을 나는 기계를 만들자.'는 목표를 함께 세웠어요. 형제는 목표를 한꺼번에 해결하려고 하는 대신 날개부터 하나씩, 하나씩 연구를 해 나갔어요. 거대한 목표를 위해 지금 해야 할 것을 하나씩 선택해 가는 계획성을 가지고 있었지요. 계획을 세우고 차근차근 목표를 향해 나아간 덕분에 불가능 같던 도전을 4년 만에 이룰 수 있었답니다.

도전이란 무엇일까?

도전은 우리 삶에 어떤 영향을 줄까요?

도전하고 싶은 목표는 지금 내가 관심 두는 것과 연관되어 있어. 그 관심은 아주 어릴 적부터 생겨난 것일 수도 있지.

라이트 형제가 어릴 적 선물받은 박쥐 장난감을 보고 그때부터 비행기를 만들고 싶다는 목표를 가진 것처럼요?

그럼 이번 미술 대회에서 상을 타고 싶다는 목표도 도전의 대상이 되나요? 그 목표도 중요하고요?

그렇지. 어릴 적 꿈꾸어 왔던 목표를 이루기 위해 계속 도전해서 꿈을 이루게 된 거지. 실패해도 꼭 성공하겠다는 의지가 중요하단다.

그렇단다.

저는 실패하더라도 의지를 갖는 게 중요하다는 선생님 말씀이 맘에 와닿아요. 저는 지금까지 실패를 많이 했거든요.

실패를 두려워하지 않고 계속 도전한다면 뭉치도 꿈을 이룰 수 있단다.

소쌤의 인문 특강
발명의 근원, 호기심과 상상력

라이트 형제가 비행기를 만들 수 있었던 것은 호기심과 상상력 덕분이었어. 그렇다면 호기심과 상상력이란 무엇인지 함께 알아보도록 하자.

고대 그리스의 철학자 플라톤은
우리의 지식을 여러 단계로 나누었어.
가장 참된 것을 알려 주는 지식(직관), 수학적 지식,
자연에 관한 지식, 그리고 상상으로 나누었지.

플라톤은 이 가운데 상상을 다른 지식들에 비해 거짓된 것을 알려 주는 것으로 생각했어. 수학적 지식은 참인지 거짓인지 정확하게 알 수 있지만, 상상력은 참과 거짓을 분명하게 말하는 게 힘들기 때문이야.

플라톤이 볼 때 상상력의 가장 큰 문제는 진짜가 아닌 것을 진짜인 것처럼 믿게 만든다는 거야. 예를 들어 뿔이 하나 달린 말을 상상하면서 그것이 정말로 이 세상에 있는 것처럼 주장한다는 거지.

물론 상상한 것이 다 실현될 수는 없지만, 새로운 것을 만들거나 학문적으로 새로운 주장을 할 기회를 주기도 해.

라이트 형제가 비행기를 만들 수 있었던 것도 사람이 새처럼 하늘을 난다면 그 기분은 어떨까, 또 인간 세상은 어떻게 변화할까 하는 상상력 덕분이었어. 라이트 형제가 비행기 발명가가 된 것은 형제들의 마음속에 있던 상상력과 사물에 대한 호기심 덕분이라고 할 수 있단다.

켄터키 할아버지의 도전 – 커넬 샌더스
실패를 통해 답을 찾는다

'켄터키 프라이드치킨(KFC)'을 만든 흰머리, 흰 수염 할아버지를 아시나요? 꼭 산타클로스처럼 생긴 KFC 할아버지 말예요. 이 사람의 이름은 커넬 샌더스예요.

커넬 샌더스는 인디애나주에서 3남매의 장남으로 태어났어요. 여섯 살 때 아버지가 돌아가시자, 공장에 다니는 엄마를 대신해 동생들을 돌보았지요. 엄마에게 빵 굽는 법, 치킨 튀기는 법을 배워 동생들에게 해 주곤 했답니다. 하지만 요리사가 되고 싶다고는 생각해 본 적이 없었어요. 가난 때문에 당장에 일터에서 돈을 버는 게 중요했지요.

　샌더스는 젊어서부터 별의별 일을 다 했어요. 철도 회사에서 일하다 쫓겨났고, 변호사에 도전했다가 실패했어요. 보험 판매원으로 일하기도 했고, 여객선 사업을 벌였다가 망하기도 했지요. 그 후 샌더스는 자동차 타이어를 파는 사람이 되었어요. 타이어를 잘 팔아 인정받았지만 타이어 회사가 어려워지는 바람에 일을 그만두어야 했어요. 이렇게 회사에서 쫓겨나거나, 회사가 망해 그만두는 등 실패를 거듭했으면 지칠 만도 한데 샌더스는 도전을 멈추지 않았어요. 오히려 실패할 때마다 새로운 길을 찾았지요.

'앞으로는 자동차에 기름 넣는 주유소가 많이 필요해질 거야.'

샌더스는 새로이 주유소를 차렸어요. 처음에 샌더스의 주유소는 잘되었어요. 사람들은 성실하고 친절한 샌더스를 좋아했어요. 그런데 미국 경제가 갑자기 나빠지기 시작했어요. '대공황'이라고 부르는 경제 위기가 오면서 많은 사람이 일자리를 잃었어요. 기름을 사러 오는 사람도 없어졌어요. 하루하루 굶지 않고 사는 것도 힘든 시기였지요. 결국 샌더스의 주유소는 망하고 말았어요.

"열심히 일했는데 또 빈털터리가 됐네. 내가 아무리 노력해도 세상이 변하면 끝이구나. 너무 허탈해."

샌더스는 힘이 쭉 빠졌어요. 어떤 일을 해도 다 안 될 것 같았죠.

그러던 어느 날 한 석유 회사에서 연락이 왔어요.

"우리 석유 회사가 켄터키주 코빈에 새 주유소를 차리려고 합니다. 샌더스 씨를 사장으로 삼고 싶습니다."

"네? 저를 어떻게 알고 연락하셨나요?"

"샌더스 씨가 얼마나 성실하게 주유소를 운영했는지 근처 사람들이 다 알더군요. 샌더스 씨라면 코빈 주유소를 잘 맡아 주실 것 같습니다."

석유 회사 직원의 말은 식어 가던 샌더스의 마음에 작은 군불이 되었어요.

'세상이 내 노력을 몰라 준다고 생각했는데 노력이 헛되지 않았구나. 사람들은 내 주유소의 서비스를 기억하고 있어.'

샌더스는 코빈 주유소에서 열심히 일했어요. 차에 기름을 넣는 손님을 위해 차 수리를 무료로 해 주고, 차 유리 청소와 차 운전석 청소를 무료로 해 주었어요. 손님들에게 필요한 게 무엇인지도 연구했지요. 작은 휴게실 아이디어도 그렇게 생겨났어요.

"도로를 달려온 사람들이 얼마나 배가 고프겠어? 주유소에 온 손님들에게 가벼운 음식을 대접하면 어떨까?"

요리에 자신이 있었던 샌더스는 코빈 주유소에 딸린 작은 창고를 휴게실로 바꿨어요. 식탁 하나에 의자 여섯 개뿐인 작은 휴게실이었어요.

이른 아침 코빈 주유소에 온 손님은 코를 킁킁거렸어요.

"어디서 이렇게 맛있는 냄새가 나지?"

손님의 말에 샌더스가 빙긋 웃었어요.

"우리 주유소에서는 배고픈 손님들에게 간단한 음식을 공짜로 드리고 있어요."

"음식을 공짜로 준다고요?"

샌더스의 안내로 휴게실에 들어간 손님은 막 튀긴 프라이드치킨과 비스킷을 대접받았어요. 치킨을 먹은 손님은 행복한 미소를 지었어요.

"샌더스 씨, 고맙습니다. 어머니가 해 주신 프라이드치킨을 먹는 것 같아요."

"아니요, 오히려 제가 더 고맙습니다. 저는 어려서부터 어머니 옆에서 음식 만드는 법을 배웠어요. 제 음식을 가족이 기뻐하며 먹는 게 좋았답니다. 다른 사람이 제가 만든 음식을 먹어 주는 게 얼마나 행복하고 멋진 일인지 다시 한번 느끼고 있습니다."

샌더스는 맛있게 먹는 손님을 보자 마음에 기쁨이 차올랐어요. 그건 지금까지 못 느껴 본 감정이었어요. 보험을 팔 때, 타이어를 팔 때, 석유를 팔 때와는 다른 뿌듯함이었어요.

샌더스는 새로운 도전을 할 때가 왔다는 걸 알았어요.

'요리는 내가 가장 좋아하는 일이야. 사람들이 내 요리를 맛있게 먹어 주면 나도 행복할 것 같아. 그래, 식당에 도전해 보자.'

샌더스는 주유소 휴게실을 작은 식당으로 바꿨어요. 그리고 가족에게 음식을 만들어 줄 때처럼 정성껏 음식을 만들어 팔았어요.

 주유소와 식당이 잘되자, 샌더스는 더 큰 도전에 나섰어요. 그동안 모은 돈을 몽땅 써서 주유소 가까이에 '샌더스 카페'를 차린 거예요.
 "여기서 먹고 가는 사람들이 모두 미소 지을 수 있는 멋진 식당

을 만들자."

　샌더스 카페는 정말로 많은 사랑을 받았어요. 식당을 하는 동안 늘 좋은 일만 있지는 않았어요. 샌더스 카페가 불이 나서 타 버리는 사고도 겪었지요. 샌더스는 어려움 속에서도 샌더스 카페를 새로 짓고, 프라이드치킨을 더 맛있게 만들기 위해 연구했어요.

　"우리는 손님에게 막 만들어 낸 따끈한 치킨을 대접해야 해. 미리 만들어 기름 범벅이 된 치킨은 절대 내 식당에 내놓을 수 없어. 나는 최고의 치킨을 만들 거야."

샌더스는 맛있는 프라이드치킨을 빨리 만들기 위해 압력솥에 기름을 넣어 튀기는 실험을 했어요. 당시에는 아무도 시도하지 않았던 압력솥 튀김으로 닭 요리 시간을 30분에서 10분으로 줄일 수 있었어요.

샌더스는 치킨의 양념도 연구했어요. 혼자서만 고민하는 대신 손님들과 정보를 나누었지요. 프라이드치킨을 먹은 손님에게 요리법이 적힌 종이를 건네 주었어요.

"손님, 여기 샌더스 카페의 프라이드치킨 요리법이 있습니다. 이대로 요리하면 맛있는 프라이드치킨을 집에서 드실 수 있어요."

"어머나, 요리법을 저에게 주신다고요? 식당의 비밀 아니에요?"

"특별히 드리는 겁니다. 집에서 해 보시고 맛이 어땠는지 얘기해 주세요."

샌더스의 말에 감동한 손님들은 집에서 프라이드치킨을 만들어 본 뒤, 이런저런 얘기를 해 주었어요.

"샌더스 씨, 후추를 더 넣으니까 맛이 좋아졌어요."

"샌더스 씨, 이 요리법에 더해 새로운 허브를 넣어 봤는데 맛이 괜찮았어요."

샌더스는 손님들의 말에 귀 기울이며 양념을 연구했어요. 끊임없이 향신료를 더하고, 줄이고, 빼고, 늘리며 가장 좋은 맛을 찾아내었지요. 그렇게 해서 11종류의 식물과 향신료로 만든 양념이 완성되었어요.

그러던 어느 날 샌더스 카페가 있는 도로 옆에 새 도로가 두 군데나 뚫리게 되었어요. 사람들이 다른 도로로 다니기 시작하면서 샌더스 카페에 찾아오는 손님도 점점 줄어들었어요.

"벌써 손님이 반으로 줄었어. 갈수록 손님은 더 줄어들 거야."

샌더스는 고민 끝에 식당을 팔았어요. 아무도 사지 않으려고 해

헐값에 팔 수밖에 없었어요. 샌더스는 그 돈으로 종업원들에게 밀린 월급을 주었어요. 그리고 나니 샌더스에게는 낡은 자동차 한 대와 하얀 양복 몇 벌만이 남았어요.

"돌고 돌아 또 빈털터리가 되었구나."

샌더스는 의자에 앉아 머리를 숙였어요. 하얗게 센 머리가 이마로 흘러내렸어요. 샌더스의 아내가 샌더스의 등을 쓸어 주었어요.

"샌더스, 당신은 혼자가 아니에요."

"고마워요."

이날 밤 샌더스는 한숨도 자지 못하고 고민했어요. 머릿속이 온갖 나쁜 생각으로 어지러웠어요.

'나는 이제 60세가 넘었어. 주름투성이 흰머리 늙은이가 무슨 일을 할 수 있겠어?'

다음 날 아침이 되었어요. 아침 햇살이 창을 타고 샌더스의 눈꺼풀에 머물렀어요. 샌더스는 침대에 누운 채 중얼거렸어요.

"그래. 난 66세의 늙은이야. 20년 넘게 샌더스 식당에서 치킨을 만들어 판 늙은이지. 나는 켄터키주 최고의 치킨을 만들었어. 내가 늙은 만큼 내 경험도, 지식도 성숙해졌지. 나는 최고의 프라이드치킨 비법을 가지고 있어."

샌더스는 침대에서 벌떡 일어났어요.

"바로 그거야. 식당은 실패했지만, 최고의 치킨을 만드는 도전은 성공했어. 내 치킨은 특별해."

샌더스는 그동안 무수히 많은 도전을 했어요. 보험을 팔고, 타이어를 팔고, 석유를 팔았지요. 그 도전은 '성공', '실패'라는 결과와 상관없이 모두 소중한 경험이었어요. 샌더스는 끊임없이 도전하며 자신의 갈 길을 찾아 나갈 수 있었고, 그동안의 경험은 새로운 일을 하는 바탕이 되었지요.

"새로운 도전을 할 때야. 나는 내가 가장 자신 있는 것, **내가 인생을 걸고 만들어 낸 치킨 요리법을 세상에 팔 거야.**"

샌더스의 계획은 새로웠어요. 식당에 치킨 요리법을 알려 주고 양념을 보내 주는 대신 치킨 한 조각을 팔 때마다 4센트씩 받겠다는 것이었지요.

샌더스는 치킨 만드는 도구와 양념을 싣고 자동차에 올랐어요. 하얀 양복에 나비넥타이 차림으로 직접 만든 치킨을 들고 첫 번째 식당으로 들어갔어요.

"안녕하세요, 제가 만든 프라이드치킨을 먹어 보시라고 가져왔어요."

샌더스의 말에 식당 주인이 이맛살을 찌푸렸어요.

"왜요? 우리 식당에서도 치킨을 팔아요."

"먹어 보면 놀라실 겁니다. 저는 특별한 비법과 양념을 써서 치킨을 만들거든요. 이 식당에 제 치킨 만드는 법을 팔고 싶습니다."

식당 주인이 팩 쏘아붙였어요.

"장사도 안 되는데 별 이상한 잡상인이 속을 썩이네. 내 식당에

서 당장 나가!"

"한 번만 먹어 보시라니까요."

"됐으니까 나가라고!"

얼굴이 벌겋게 된 샌더스는 힘없이 돌아섰어요. 다음 식당에서도, 그다음 식당에서도 샌더스는 차갑게 거절당했어요.

'내 치킨의 가치를 알아봐 줄 사람이 어딘가에 있을 거야.'

샌더스는 속이 상했지만 자신이 있었어요. 그랬기에 1008곳의 식당에 들어가 1008번의 거절을 당하면서도 꿋꿋이 버틸 수 있었죠.

1008번째 식당에서 거절당한 샌더슨은 유타주에서 햄버거 식당을 하는 피터 허먼이 생각났어요. 예전에 식당 주인들 모임에서 만난 친구였지요.

"그래, 피터에게 가 보자."

샌더스는 피터 허먼의 집에 찾아가 다짜고짜 말했어요.

"피터. 자네에게 내가 만든 프라이드치킨을 대접하고 싶어."

"샌더스, 마음은 고맙지만 손님에게 요리를 시킬 수 없어요. 우리 나가서 사 먹어요."

"꼭 부탁하네. 부엌을 빌릴 수 있겠나?"

이날 밤 피터 부부는 샌더스가 갓 만든 따끈따끈한 치킨을 너무 나 맛있게 먹었어요.

"샌더스, 이런 치킨은 처음 먹어 봐요. 속이 정말 촉촉하네요."

"피터, 자네 식당에서 내 프라이드치킨을 팔아 보지 않겠나?"

"좋아요, 샌더스. 이 치킨은 다른 치킨과 달라서 잘 팔릴 거예요. 이 음식 이름에 '켄터키'를 넣으면 어떨까요? '켄터키 프라이드 치킨'이라고 부르는 거죠."

"멋진 생각일세."

샌더스는 1009번 만에 계약하는 데 성공했어요. 마침내 세계에서 가장 많은 프랜차이즈 식당을 가진 케이에프씨(KFC)의 역사가

유타주의 조그마한 식당에서 시작되었답니다.

계약을 마친 식당에서는 샌더스에게 프라이드치킨 요리법을 배웠어요. 하얀 양복을 빼입은 샌더스는 꼿꼿이 선 채로 지팡이를 쾅쾅 두들겨 가며 치킨 만드는 법을 가르쳤어요.

"최고의 치킨을 만들려면 그만한 노력이 필요해요. 대충대충 만들면 안 됩니다."

얼마나 꼬장꼬장하게 가르쳤는지 다들 꼼짝도 못 했답니다.

처음부터 목표를 가지고 도전하는 사람도 있지만, 도전에 실패할 때마다 목표를 찾아 새로운 도전에 나서는 사람도 있어요. 샌더스는 일생을 새로운 일에 도전했어요. **도전에 실패하더라도 그때의 경험을 바탕으로 새로운 길을 찾아 나섰어요.** 샌더스는 도전할 기회를 스스로 만들어 가며 자신의 인생을 개척했답니다.

오늘날 흰옷에 나비넥타이를 맨 흰머리 할아버지 커넬 샌더스는 KFC의 마크로 사랑받고 있어요.

인문철학 왕 되기

① **2** ③ ④

우리는 왜 선택하고 도전할까?

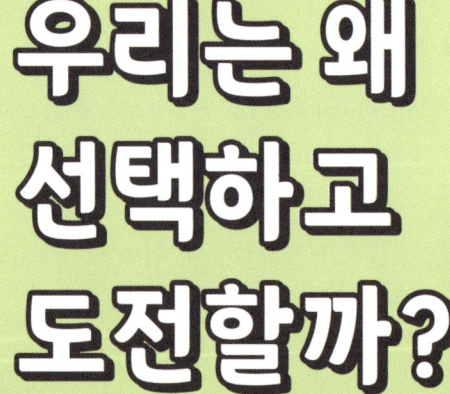

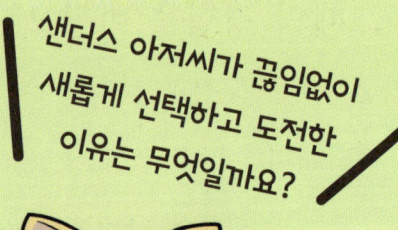

샌더스 아저씨가 끊임없이 새롭게 선택하고 도전한 이유는 무엇일까요?

실패를 계속하면 나중에 새로운 시도를 할 때 또다시 실패할까 봐 두렵지 않을까요?

샌더스 아저씨처럼 실패를 많이 했다면 새로운 도전을 할 용기가 선뜻 나지 않을 것 같아요.

포기하지 않고 계속 도전했기에 샌더스 아저씨가 많은 경험을 쌓고 성공할 수 있었던 게 아닐까요?

샌더스 아저씨는 실패할 때마다 포기하지 않고 새로운 것을 찾아 계속 도전했지. 계속된 선택과 도전을 통해 샌더스 아저씨가 얻은 것은 뭐라고 생각하니?

아무런 도전도, 선택도 하지 않았다면 샌더스 아저씨는 어려운 환경에서 벗어나기 힘들었을 거예요.

그렇지. 중요한 것은 도전을 통해 삶이 변화할 수 있다는 점이야. 우리가 실패를 하면서도 계속 도전하는 이유가 바로 이런 점에 있단다.

도전하는 과정에서 누군가 상처받지 않으려면?

무엇을 선택해야 할지 몰라 당황스러웠던 경험이 있니? 생일 선물로 한 가지만을 선택하라고 한 경우나 어떤 음식점에 갈까 고민스러웠던 경험 같은 거 말이야. 성장할수록 우리는 어려운 선택을 하게 돼. 어떤 대학을 갈지, 어떤 회사에 다닐지, 누구와 결혼할지 등의 선택을 해야만 하지. 이러한 선택을 하는 이유는 우리가 좀 더 행복하게 살기 위해서야. 선택을 통해 나에게 잘 맞는 것을 찾는다면 하기 싫은 일을 하면서 사는 것보다 더욱 만족스러운 삶을 살 수 있을 거야.

선택하고 도전하는 과정에서 나도 행복하고 다른 사람에게도 도움이 되는 것이 좋겠지?

안녕! 나는 '최대 다수의 최대 행복'을 말한 철학자, 존 스튜어트 밀이야.

"만족하는 돼지보다는 불만족한 인간이 낫다."

"신념을 갖고 행동하는 1명은 흥미만 있는 99명과 맞먹는다."

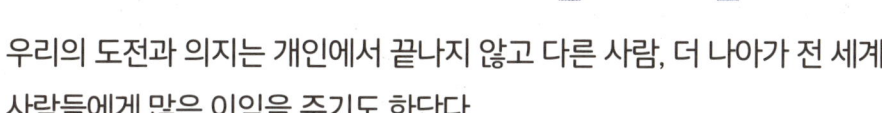

우리의 도전과 의지는 개인에서 끝나지 않고 다른 사람, 더 나아가 전 세계 사람들에게 많은 이익을 주기도 한단다.

비행기를 발명하여 엄청 먼 거리도 빠르게 이동할 수 있게 만든 라이트 형제처럼 말이야. 하지만 한편으로는 도전하는 과정에서 남의 것을 빼앗거나 피해를 끼치는 경우도 생기겠지. 숱한 도전 끝에 아메리카 대륙을 발견한 탐험가 콜럼버스가 그 대륙에 살던 원주민들을 노예로 삼고 죽이는 등 피해를 끼친 경우가 그렇단다. 여기에서 두 가지 물음을 던지고 싶구나.

"남을 해치고 나의 도전이 성공했을 때 느끼는 행복이 과연 진정한 행복이라고 할 수 있을까?"

"나의 행복과 다른 사람의 행복을 잘 조화시키기 위해 서로의 도전과 의지를 어떻게 조정해야 할까?"

남을 상처 입히고 나의 도전이 성공한다면 행복할까?

저의 도전 때문에 다른 사람이 피해를 본다면 행복하지 않을 것 같아요.

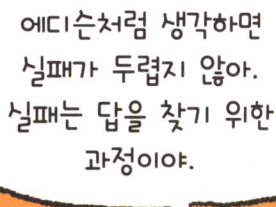

에베레스트를 향하여 - 에드먼드 힐러리
도전 의지는 서로에게 이어진다

세상에서 가장 높은 산은 무엇일까요?

바로 에베레스트산이랍니다. 에베레스트산 꼭대기에 오르는 건 모든 등반가의 꿈이었어요. 뉴질랜드에 사는 에드먼드 힐러리도 마음에 에베레스트를 품고 있었죠.

힐러리의 집은 벌을 쳐서 꿀을 모으는 양봉업을 했어요. 힐러리는 어릴 때는 허약한 소년이었지만, 크면서 아버지를 도와 벌통 옮기는 일을 하다가 체력이 좋아졌어요.

그러던 어느 날 힐러리는 친구와 눈 덮인 산으로 여행을 떠났어요. 힐러리는 얼음으로 덮인 암벽과 녹아내리는 빙하, 골짜기로 쏟아지는 눈을 보자 마음이 설레었어요. 힐러리와 친구는 이곳에서 첫 등반에 나섰어요. 등산화 밑에 뾰족한 징이 박힌 덧신인 아이젠을 신고서 눈과 얼음으로 덮인 산봉우리에 올라섰어요.

"와, 넓은 세상이 한눈에 다 들어오네!"

이날부터 힐러리는 산을 오르는 일에 흠뻑 빠지게 되었어요. 힐러리는 틈이 날 때마다 산에 올랐어요. 등반가 친구를 사귀면서 등반 기술도 하나하나 익혀 나갔지요.

힐러리는 특히 피켈로 얼음을 찍으며 길을 만들어 가는 빙벽 등반을 즐겼어요.

"피켈만 있으면 아무리 미끄러운 얼음 절벽도 오를 수 있어."

피켈은 빙벽을 등반할 때 쓰는 갈고리 모양의 얼음 도끼예요. 이 도끼로 얼음도 깨고, 자루를 지팡이 삼아 눈길도 걸어요. 자루 밑에는 크고 뾰족한 송곳이 달려 있어서 얼음 깊숙이 박아 넣을 수 있어요.

어느 날 힐러리는 한 친구에게 편지를 받았어요. 뉴질랜드 등반가들과 히말라야에 가자는 편지였어요. 힐러리는 신이 나서 외쳤어요.

"히말라야야, 기다려라. 내가 간다!"

높고 험한 산들로 이루어진 히말라야산맥은 등반가들이 꼭 가고 싶어 하는 장소예요. 세상에서 가장 높은 에베레스트산도 히말라야산맥에 있어요. 1920년대부터 수많은 사람이 에베레스트산에 도전했지만, 그때까지 산꼭대기에 도달한 사람은 없었답니다.

1951년 힐러리와 친구들은 히말라야로 가서 등반하기 위해 셰르파를 구했어요. 셰르파는 히말라야 등반을 도와주는 네팔 안내인이자 짐꾼이에요. 히말라야는 날씨가 계속 바뀌기 때문에 경험 많고 노련한 셰르파의 도움을 받아 등반해야 했어요.

힐러리 일행은 여러 산봉우리에 올랐어요. 힐러리는 한 친구와 높이가 7천 미터가 넘는 산에도 도전했어요.

"우리 정상에 꼭 올라가자."

힐러리는 거대한 빙벽을 만나자 피켈을 들어 빙벽에 쾅 찍었어요. 피켈로 얼음을 부수고, 그 자리를 반달 모양으로 파 발판으로 삼았지요. 피켈로 새 발판을 만들며 한 발씩 위로 올라갔답니다.

힐러리는 산꼭대기가 가까워질수록 팔다리가 무거워지는 걸 느

졌어요. 7천 미터쯤 올라가면 공기 속 산소가 적어진답니다. 숨쉬기가 힘이 들고, 머리가 어지러워지며, 눈이 잘 보이지 않고, 팔다리에 힘이 빠져요. 조금만 움직여도 헐떡이게 되고요. 이런 걸 '고산병'이라고 해요. 고산병은 산 밑으로 내려오기만 해도 다시 좋아지지만, 높은 곳으로 가면 더 심한 고통을 느껴요.

"이게 말로만 듣던 고산병이구나. 피켈을 드는 것도 힘들어."

힐러리와 친구는 헐떡이며 빙벽 꼭대기로 올라갔어요. 눈과 얼음으로 덮인 세상이 눈앞에 있었어요.

"와아, 다음 도전은 에베레스트다!"

히말라야산맥 등반은 귀중한 경험이 되었어요. 1951년에는 정말로 영국 에베레스트 원정대의 초대 편지를 받았어요. 뉴질랜드는 영국의 식민지였다가 독립했지만, 영국과 가깝게 지내는 영연방 나라예요.

'맙소사, 꿈만 같아. 내가 에베레스트 원정대에 뽑혔단 말이야?'

힐러리는 짐을 챙겨 네팔 국경 마을에 있는 영국 원정대에 합류했어요. 원정대는 에베레스트산 중턱의 쿰부 빙하에 전진 기지 천막을 세웠어요.

"에베레스트 정상에 어떻게 오르죠?"

"에베레스트 남쪽에 빙하가 깎여 아래로 내려오며 생겨난 얼음 골짜기가 보입니다. 얼음 골짜기를 쭉 올라가면 가장 높은 능선인 사우스콜에 오를 수 있을 듯합니다."

"사우스콜과 에베레스트 능선이 이어져 있으니, 능선을 따라가서 에베레스트 꼭대기에 도달하자는 거죠?"

모두 고개를 끄덕였어요.

힐러리와 세 명의 대원은 얼음 골짜기를 향해 걸어갔어요. 발은 눈에 푹푹 빠졌고, 위쪽에서는 얼음 기둥이 뚝뚝 떨어졌어요.

바닥에는 얼음이 갈라져서 만들어진 거대한 틈이 곳곳에 있었어요. 이 갈라진 얼음 틈을 '크레바스'라고 해요.

크레바스를 지나려면 옆을 빙 돌아서 가거나, 크레바스 틈 사이에 눈이 쌓여서 생긴 눈다리를 지나가야 해요. 눈다리는 갑자기 와르르 무너지곤 하므로 조심조심 건너가야 해요. 원정대는 수많은 크레바스를 건너며 앞으로 나아갔어요.

그런데 얼음 골짜기 바로 앞에 어마어마하게 커다란 크레바스가 나타났어요. 힐러리는 크레바스 안으로 내려가 눈다리를 건넜어요. 크레바스 밑은 깊은 어둠에 잠겨 있었어요.

"저 아래로 떨어지면 다시는 못 나올 거야."

크레바스를 건넌 뒤에는 얼음벽이 나왔어요. 다른 대원이 앞에서 높은 얼음벽에 디딤판을 만들며 나아갔어요. 대원들은 허리에 밧줄을 이어 묶고서 조심조심 뒤를 따랐어요. 힐러리는 대원들이 모두 건널 때까지 벽에 피켈을 깊숙이 박아 넣고 밧줄을 단단히 묶어 두었어요. 앞장선 대원들이 미끄러지거나 사고가 났을 때 돕기 위해서예요.

'눈이 단단하지 않아. 조금 불안한데…….'

바로 그때였어요. 갑자기 얼음벽이 갈라지면서 아래로 쏟아져 내렸어요.

"으아악!"

얼음벽을 오르고 있던 대원 세 사람이 아래로 미끄러졌어요. 힐러리는 밧줄이 연결된 피켈을 있는 힘껏 눌렀어요. 다행히 두 대원은 몸을 날려 안전한 곳으로 피했어요. 하지만 한 대원은 허우적내며 아래로 쑥 떨어졌어요. 대원의 허리에 묶여 있던 밧줄이 팽팽해지면서 대원이 공중에 대롱대롱 매달렸어요.

"힘내요. 끌어올려 줄게요."

힐러리와 두 대원이 밧줄을 붙잡고 그 사람을 끌어올렸어요.

모두 지쳐 눈에 드러누웠어요.

"눈이 좋지 않아요. 이대로는 얼음 골짜기로 오르기 힘들어요."

원정대는 얼음 골짜기로 들어가기 위해 애썼지만 여간 힘든 게 아니었어요. 가까스로 나아간 얼음 골짜기 앞에는 커다란 크레바스가 앞을 가로막고 있었어요.

"다음에는 밧줄과 사다리를 더 가져와서 크레바스를 넘어가도록 합시다."

영국 원정대는 다음 해인 1952년 히말라야에서 등반 훈련을 하고, 그 이듬해인 1953년에 에베레스트산을 정복하겠노라 계획을 세웠어요. 그런데 가슴이 철렁할 소식이 들려왔어요.

"큰일입니다. 내년에 스위스 원정대가 에베레스트산에 도전한답니다."

"스위스 원정대가 먼저 정복하면 어쩌죠?"

당시 에베레스트를 정복하는 일은 유럽 강대국끼리의 자존심을 건 내결이었어요. 어느 나라가 먼저 에베레스트를 정복하느냐를 두고 치열하게 다투었지요. 영국 팀은 스위스에 영광을 뺏길지도 모른다는 생각에 조마조마했어요.

1952년에 에베레스트산으로 떠난 스위스 원정대는 봄과 가을 두 번에 걸쳐 에베레스트산 정복에 도전했지만, 모두 실패하고 말았답니다.

　1953년 봄, 영국 원정대는 에베레스트산에 도전할 기회를 갖게 되었어요. 에베레스트산으로 출발한 영국 원정대의 수는 어마어마했어요. 존 헌트 대장과 13명의 대원뿐 아니라 이들을 도울 셰르파들이 함께했어요. 이들을 위해 수백여 명의 짐꾼들이 전진 기지로 짐을 날랐지요.

　셰르파들의 대장은 텐징 노르가이였어요. 텐징은 지난해 스위스 원정대와 함께하며 스위스 팀 대장과 에베레스트산의 정상 가까이 올라갔지만, 날씨가 너무 좋지 않아서 포기하고 내려왔어요.

　에베레스트산을 오르려면 많은 준비가 필요했어요. 앞 팀은 눈과 얼음으로 덮인 산에서 길을 찾았어요. 길에 밧줄을 단단히 고정해서 표시를 하면서 나아가 캠프를 세웠지요. 그러면 일꾼들이 그 밧줄을 붙잡고 짐과 장비, 식량 등을 빠르게 날라 왔어요. 앞 팀이 쉬는 동안 뒤 팀이 다시 길을 찾아내고, 그 길을 따라 일꾼들이 짐을 날랐답니다. 이렇게 번갈아 길을 개척하며 산 위로 올라갔어요. 원정대는 얼음 골짜기로 들어가 그곳에 네 번째 캠프인 4캠프를 세웠어요.

　5월 초, 헌트 대장은 얼음 골짜기 안 4캠프 천막에 사람들을 불러 모았어요.

"여러분, 우리는 얼음 골짜기 끝에 있는 사우스콜에 캠프를 만들고 거기서 에베레스트 정상에 도전할 겁니다. 두 사람씩 두 공격조가 정상으로 갑니다. 1조는 찰스 에번스와 톰 버딜론, 2조는 에드먼드 힐러리와 텐징 노르가이가 맡습니다. 남은 대원들은 지원대가 되어 여러분이 정상에 오르도록 지원할 겁니다."

힐러리는 기쁨에 넘쳐 함께할 텐징을 보았어요. 노련한 텐징과 함께 간다니 더 좋았답니다.

원정대는 사우스콜에 캠프를 차렸어요. 이곳에서 1조 공격조의 도전이 시작되었어요. 두 사람은 정상에서 90미터 아래에 있는 봉우리인 남봉까지 걸어갔어요. 하지만 산소가 다 떨어지고 말았어요. 에베레스트 위쪽에는 공기가 땅의 3분의 1밖에 없어서 산소통이 없으면 가기 어려워요. 둘은 아쉬움을 참으며 돌아서야 했어요.

"사우스콜 캠프에서 시작하면 정상까지 갈 산소가 모자라요."

"2조가 정상에 오르려면 더 높은 곳에 캠프를 만들어야 해요."

지원대는 2조의 도전을 성공시키기 위해 사우스콜 능선을 타고 더 높은 곳으로 향했어요. 피켈로 발판을 만들며 길을 내고, 셰르파들이 그곳에 텐트와 산소통을 날라 주었어요. 이곳에는 산소가 너무 적어 사람들이 오래 머물 수 없었어요. 지원대는 모두 내려가고 힐러리와 텐징만 남았지요. 두 사람은 가까스로 천막을 세워 밤을 보내고 다음 날 아침에 정상으로 출발했어요.

가는 길은 힘들었어요. 얼음덩어리들이 갑자기 부서져 쏟아지기도 하고, 쌓여 있던 눈이 꺼지며 크레바스에 빠질 뻔하기도 했어요. 송곳 같은 얼음 고드름이 투두둑 쏟아지기도 했어요.

힐러리와 텐징은 피켈로 발판을 만들며 걸어갔어요. 힐러리의 힘이 빠지면 텐징이 앞서 나가고, 텐징의 힘이 빠지면 힐러리가 앞서 나가며 능선을 걸었어요.

그러다 깎아지른 듯한 바위벽이 눈앞에 나타났어요.

"여길 어떻게 오르지?"

힐러리는 신중하게 주변을 살폈어요. 그리고 바위와 얼음 사이에 세로로 긴 틈이 벌어져 있는 곳을 찾아냈어요. 힐러리는 그 틈으로 파고들어 바위의 홈을 손으로 잡고 신발의 아이젠을 얼음에 박으며 위로, 위로 올라갔어요. 힐러리는 암벽 꼭대기에 오르자 벌렁 드러누웠어요.

"후우, 후우."

힐러리는 텐징에게 밧줄을 내려 주었어요. 텐징도 가까스로 밧줄을 타고 올라왔어요.

　힐러리와 텐징은 가파른 눈 비탈을 걸었어요. 힐러리가 피켈로 발판을 만들며 한 발 한 발 나아갔고, 그 뒤를 텐징이 따랐어요.

　'포기할 수 없어. 이건 모두의 도전이야.'

　힐러리와 텐징이 여기 있는 건 다른 대원들의 노력 덕분이었어요. 대원들은 공격조인 힐러리와 텐징을 위해 얼음을 깎아 길을 냈어요. 대원들은 위험한 크레바스를 건너고, 얼음벽을 올라가 밧줄을 이어 길을 만들어 주었어요. 대원들이 미리 만들어 둔 밧줄 길로 오르며 힘을 절약한 덕에 힐러리와 텐징은 정상까지 험한 길을 헤쳐 나갈 수 있었어요.

　'한 걸음만 더, 한 걸음만 더.'

힐러리는 이를 악물고 휘청휘청 걸어 나갔어요.

　마침내 끝없이 이어질 것만 같던 능선의 끝이 나타났어요. 힐러리와 덴징은 함께 눈으로 덮인 꼭대기에 올라섰어요. 에베레스트산 정상이었어요.

　힐러리는 텐징과 함께 에베레스트 도전에 성공했어요. 이 도전은 혼자 이룬 것이 아니었어요. 힐러리와 함께 계획을 짜고 길을 개척하고 짐을 날랐던 영국 원정대가 있었기에 여기까지 올 수 있

었어요. 또한 영국 원정대가 에베레스트산에 오를 수 있었던 건 이전부터 에베레스트산을 탐사하며 준비해 온 사람들, 에베레스트산에 도전했다 실패하고 돌아오거나 목숨을 잃은 등반가들이 오랜 세월 개척해 놓은 길이 있었기 때문이에요. 정말 많은 사람의 도전과 노력이 이룩한 결과였어요.

　세상에는 혼자서 해낼 수 없는 일이 많이 있어요. 그럴 때 우리는 함께 모여 하나의 목표를 향해 도전을 해 나가지요. 여러 사람의 노력은 혼자서 할 수 없는 일들을 해내는 힘이 된답니다.

인문철학 왕 되기

다른 사람의 도움을 받으면 도전이 쉽다고?

서로 도움을 주고받으면
실패해도 금방 회복할 수 있어.

그렇게 한순간에 자신을 사로잡는 것을 찾기도 힘들 거야.

힐러리는 참 행복한 사람 같아. 눈 덮인 산을 처음 보고 한눈에 반해 버렸잖아.

나도 그런 걸 발견할 수 있으면 좋겠다. 한눈에 반하는 것이 없으니 계속 이것저것 해봐야 하잖아. 귀찮게.

너무 걱정하지 마, 우리랑 같이 여러 가지를 시도해 보면서 찾아 나가자.

지혜 말대로 친구와 서로 도움을 주고받으면 더 쉽게 도전할 수 있고, 실패하더라도 금방 회복할 수 있단다. 힐러리는 함께 계획을 짜고 도움을 준 원정대 사람들이 있었기에 에베레스트산에 오를 수 있었단다.

나의 도전과 다른 사람의 행복을 조화시키려면?

자신의 의지를 실천하고 도전하는 과정에서 서로에게 도움이 되는 것이 좋겠지? 다음의 글을 읽고 질문에 답해 보자.

A

2022년 5월, 모두 흑인으로 구성된 등산 원정대가 역사상 처음으로 세계 최고봉 에베레스트 단체 등정에 도전해서 성공했단다. 1953년 힐러리가 에베레스트 정상에 올랐을 때만 해도 흑인들은 산에 접근할 기회가 없었어. 당시 흑인들은 투표할 기회조차 없었지. 원정에 참여한 프레드 캠벨은 **이번을 계기로 등산의 미래를 바꾸기 원한다고 말했어.** 등반에 참여한 로즈마리 살은 "내가 등반에 관해 이야기할 때 항상 '흑인들은 그렇게 하지 않는다.'라고 사람들이 하는 말을 듣는다."라고 했어. 이 말을 하면서 이번 프로젝트를 계기로 그와 같은 고정 관념이 깨지길 바란다고 밝혔어.

B

백만장자인 샌디라는 여성은 자신의 이름을 널리 알리기 위해 에베레스트 등반을 하기로 했어. 샌디는 그 힘든 길을 가면서도 자신이 좋아하는 음식과 커피메이커, 그리고 휴대용 텔레비전까지 가지고 갔다고 해. 돈이 많았던 그녀는 수많은 셰르파들을 구했고, 셰르파들이 모든 짐을 옮겼어.

하지만 험한 산길에서 휴대용 텔레비전을 옮긴다는 것은 쉬운 일이 아니었겠지? **셰르파들은 안전장치를 하지도 못한 채 짐을 옮기다가 아홉 명이나 목숨을 잃었다고 해.** 샌디가 휴대용 텔레비전을 가지고 간 이유는 친구들에게 자신의 등반 사실을 자랑하기 위해서였다고 알려졌어.

❶ A와 B 가운데 나의 도전 의지가 다른 사람에게도 좋은 영향을 준다고 생각되는 것은 무엇인가요?

❷ 좋은 영향을 준다고 생각한 것은 무슨 이유에서였나요?

세상을 밝힌 여섯 개의 점 - 루이 브라유
도전은 세상을 바꾼다

프랑스에 있는 작은 마을 쿠브레이에 눈이 보이지 않는 소년이 살고 있었어요. 이 소년의 이름은 루이 브라유예요.

루이는 세 살 때까지 파란 하늘을 볼 수 있었어요. 어릴 적에는 눈을 반짝이며 아장아장 온 집 안을 돌아다녔어요.

어느 날 루이는 아빠의 작업실에 몰래 들어갔어요. 아빠는 가죽으로 말 안장을 만드는 가죽 장인이었어요. 루이는 아빠가 없는 틈에 살금살금 작업실로 가, 의자를 딛고 작업대 위로 올라갔어요. 그 위에는 가죽을 자르고 뚫고 꿰매는 갖가지 도구가 놓여 있었어요. 루이는 싱글벙글 도구를 만졌어요. 아빠가 오랫동안 쓴 도구의 나무 손잡이는 반들반들 손때가 묻어 있었어요.

루이는 송곳을 들고 작업대 위에 놓인 가죽을 쿡 찔렀어요.

가죽은 두껍고 맨들맨들해서 잘 뚫리지 않았어요. 루이는 다시 한 번 힘껏 송곳을 찔렀어요. 송곳이 가죽 위를 주르르 미끄러지며 위로 휙 들렸어요.

"악!"

송곳이 루이의 왼쪽 눈을 찔렀어요.

이 사건으로 루이의 눈에는 큰 상처가 났어요. 상처 부위에 염증이 생겨 눈이 퉁퉁 부었어요. 루이는 따끔따끔 따가운 왼쪽 눈을 저도 모르게 비볐어요. 그러다 오른쪽 눈에까지 염증이 번지고 말았어요.

루이의 양쪽 눈은 점점 나빠졌어요. 처음에는 엄마 아빠 얼굴이 가물가물 보이더니, 나중에는 환한 햇살 아래서도 얼굴을 볼 수 없게 되었어요. 루이는 고작 네다섯 살의 나이에 아무것도 보지 못하는 시각 장애인이 되었답니다.

그때부터 루이는 보지 않고 다니는 법을 익혀야 했어요. 지팡이로 땅을 두드리며 걷는 연습을 했지요. 그러면서도 루이는 손끝으로 세상과 만났어요. 반들반들한 그릇, 딱딱한 문손잡이, 보드라운 꽃잎, 복슬복슬한 강아지 털, 거칠거칠한 나무껍질을 손끝으로 느꼈어요. 소리도 루이에게는 특별하게 들렸어요. 새들은 저마다 다르게 울었고, 사람들의 목소리도 다 달랐어요.

마을 신부님은 밝고 영리한 루이를 아꼈어요.

"루이야, 나한테 성경 이야기를 듣겠니?"

"고맙습니다, 신부님."

루이는 알고 싶고, 배우고 싶은 게 많았어요. 눈으로 세상을 볼 수도 없고 책을 읽을 수도 없었기 때문에 루이는 신부님의 말을 한 마디 한 마디 소중히 들었어요. 신부님의 목소리만이 뭐든 배우고 싶은 루이의 마음을 채워 주었지요.

어느 날 신부님은 파리에 시각 장애인을 위한 학교가 있고, 거기서 기술을 가르쳐 준다는 걸 알게 되었어요. 신부님은 이 학교에 루이가 다닐 수 있도록 해 주었어요.

루이는 열 살에 파리로 떠나 '왕립 맹아 학교'에 다니게 되었어요. 학교 기숙사에서 지내게 된 루이는 외로움을 느꼈어요. 엄마, 아빠, 형, 누나들이 보고 싶었어요. 그때 옆 침대에 앉아 있던 소년이 말을 걸었어요.

"안녕. 난 가브리엘이야. 너는 어디서 왔어?"

"나는 쿠브레이에서 자랐어. 여기도 아침에 새소리가 들리니?"

"네 고향만큼은 아닐걸. 그래도 여기서는 많은 걸 배울 수 있어. 신발 만드는 법, 옷 만드는 법, 오르간 연주하는 법, 바이올린 연주하는 법. 공부하기 시작하면 눈 코 뜰 새 없이 바빠질 거야."

루이와 가브리엘은 좋은 친구가 되었어요.

루이는 학교에서 처음으로 알파벳 모양을 알게 되었어요. 이 학교에는 '돋음 문자'가 있었거든요. 돋음 문자는 두꺼운 종이에 알파벳을 찍어 볼록 돋게 만든 문자예요. 루이는 손끝으로 두꺼운 종이 위로 돋아 있는 알파벳을 만졌어요. 가슴이 두근두근 설레었어요.

'이게 바로 문자구나. 이 문자가 모여 글이 되고, 글은 지식을 전달하겠지.'

루이는 늘 지식에 목말랐어요. 알파벳을 손으로 만져서 익히고, 직접 쓸 수 있게 되었을 때 얼마나 기쁘던지! 그러나 돋음 문자는 불편한 점이 많았어요.

"가브리엘, 돋음 문자로 된 단어는 읽을 때 너무 시간이 걸리는 거 같아."

"똑똑한 너도 그런데 나는 어떻겠니? 마지막 글자를 읽을 때가 되면 첫 글자가 뭐였는지 가물가물해."

루이는 크게 실망했어요.

그러던 어느 날 프랑스 육군 포병 장교였던 샤를 바비에르 대위가 왕립 맹아 학교를 찾아왔어요.

"교장 선생님, 저는 앞을 보지 못하는 학생들에게 도움이 될 문자를 가지고 왔습니다."

"문자라고요?"

"저는 긴 종이에 점을 뚫어서 '전진', '후퇴' 같은 짧은 명령을 전달하는 군사 암호를 만들어 냈습니다. 이 암호는 손끝으로 만져 뜻을 알 수 있어서 깜깜한 밤에도 얼마든지 쓸 수 있습니다. 저는 이걸 '밤 문자'라고 부릅니다."

교장 선생님은 점으로 된 밤 문자를 아이들에게 만져 보도록 했어요. 루이는 밤 문자의 뛰어난 점을 금방 알아차렸어요.

"손끝에 도톨도톨하게 만져져요. 점으로만 되어 있어서 돋음 문자보다 훨씬 알기 쉬워요."

루이는 밤 문자가 반가웠어요. 친구들과 두꺼운 종이에 젓가락처럼 길쭉한 철필로 점을 찍어 글을 써 보기도 했어요.

막상 써 보니 밤 문자에는 문제가 있었어요. 점의 개수가 너무 많아서 읽는 데 시간이 많이 걸렸어요. 짧은 명령은 쓸 수 있었지만 긴 문장은 쓸 수 없었어요. 게다가 숫자나 문장 부호도 쓸 수 없었어요.

'철필로 점을 찍어 문자를 만드는 건 좋아. 하지만 지금처럼 점을 많이 찍어 쓰는 건 불편해. 더 단순하게 만들 수 없을까?'

루이의 도전이 시작된 순간이었어요.

루이는 밤 문자를 단순하게 만들 방법을 연구했어요. 점을 찍고 또 찍으며 연구했지만 신통치 않았어요.

'내가 만들 수 있을까? 헛된 노력을 하고 있는 게 아닐까?'

루이는 고민에 빠졌어요.

'맞아. 내가 뭐 하는 짓이지? 되지도 않는 일에 매달리느니 내 공부나 제대로 하는 게 좋겠어.'

루이의 마음이 밤 문자로부터 멀어지려고 할 즈음이었어요.

발랑탱 아우이를 위한 행사가 학교에서 열리게 되었어요. 발랑탱 아우이는 세계 최초로 시각 장애인을 위한 학교인 왕립 맹아 학교를 만든 분이었어요. 돋음 문자를 만들어 맹인들에게 알파벳을 알려준 사람도 발랑탱 아우이였어요.

'이분이 안 계셨으면 나는 아무것도 배우지 못했을 거야. 이분은 우리 같은 시각 장애인들이 교육을 받고 사람답게 살 수 있도록 해 주셨어.'

이날 발랑탱 아우이는 루이의 손을 꼭 잡아 주었어요. 루이는 손을 타고 불꽃이 일어나는 기분이 들었어요.

'나도 이분처럼 시각 장애인을 위해 할 수 있는 일이 있어. 밤 문자를 시각 장애인들이 편리하게 읽고 쓸 수 있는 문자로 바꿀 수 있다면……. 우리가 자유롭게 글을 읽고 쓸 수 있게 된다면…….'

당시에 앞을 보지 못하는 시각 장애인들은 쓸모없는 바보 취급을 당했어요. 시각 장애인 대부분이 길거리에서 동냥하며 근근이 먹고 살아갔지요. 시각 장애인을 위한 학교도 거의 없었고, 학교에 다니더라도 읽고 쓰기가 쉽지 않았어요. 시각 장애인을 위한 돋음 문자 책도 많지 않아서 시각 장애인들은 늘 지식에 목말라 있었어요.

지금까지 루이는 시각 장애인을 위한 새로운 문자를 만들고 싶다고 막연하게 생각했어요. 그런데 발랑탱 아우이를 만난 뒤로는 시각 장애인들이 자유롭게 읽고 쓸 수 있는 새로운 문자를 만드는 것이 세상의 시각 장애인들에게 얼마나 큰 도움이 될지 생각하게 되었어요. 새로운 문자가 있다면 시각 장애인들은 더 쉽게 책을 읽고, 더 쉽게 글을 쓰고, 더 쉽게 지식을 쌓을 수 있게 되겠죠?

그렇게 된다면 시각 장애인을 바보로 보고 업신여기는 세상의 편견도 줄어들 터였어요.

루이는 마음을 다졌어요.

'다시 도전하자. 밤 문자를 새롭게 고치는 데 내 모든 걸 걸어도 좋아.'

루이는 마음을 다잡고 틈이 날 때마다 밤 문자를 연구했어요. 쉬는 시간마다 철필로 종이를 뚫으며 실험을 했지요. 실험이 길어지는 날에는 침대에 앉아 밤을 꼬박 새우기도 했어요. 그러느라 건강도 많이 나빠졌어요.

"루이, 잠은 자 가면서 연구해."

가브리엘이 걱정할 만큼 루이는 연구에 푹 빠져 지냈어요. 방학 때 집에 내려가서도 종이와 철필을 어디에나 가지고 다녔답니다.

꾸준한 노력 덕에 루이는 기발한 생각을 해냈어요. 6개의 점으로 알파벳을 나타내는 방법이었어요.

'가로 2열, 세로 3행에는 6개의 점이 들어갈 자리가 있어. 이 자리에 점을 넣거나, 빼거나, 점 자리를 바꿔서 알파벳이랑 숫자, 문장 부호를 나타낼 수 있어.'

루이는 꼬박 3년 동안 매달린 끝에 점으로 된 문자를 만들 수 있었어요. 짧은 점으로 완벽한 문장을 만들 수 있는 점 문자였어요.

1824년, 루이는 교장 선생님을 만나 점으로 된 문자에 대해 알렸어요.

"네가 시각 장애인을 위한 새로운 문자를 생각해 냈단 말이니? 흐음……."

교장 선생님은 믿지 못했어요. 루이는 고작해야 왕립 맹아 학교의 학생일 뿐이었으니까요.

"교장 선생님, 아무 책이나 꺼내서 읽어 주세요. 제가 받아쓰기를 할게요."

교장 선생님이 책장에서 책을 꺼내 읽었어요. 루이는 선생님의 목소리를 들으며 철필로 종이를 다닥다닥 눌렀어요. 받아쓰기를 마친 루이는 종이 위에 철필로 찍은 점들을 손끝으로 만지며 매끄럽게 읽었어요.

교장 선생님의 눈이 휘둥그레졌어요.

"루이야, 믿을 수가 없구나. 내가 다른 책으로 실험을 해 봐도 될까?"

"물론이죠."

결과는 아까와 같았어요.

교장 선생님은 크게 감동했어요.

"이럴 게 아니라 선생님들과 학생들을 모아야겠어. 모두가 보는 앞에서 아까처럼 할 수 있겠니?"

"네."

루이는 선생님들과 아이들이 모인 교실에서 받아쓰기를 했어요. 한 선생님이 읽어 주는 시를 두꺼운 종이에 철필로 꾹꾹 점을 찍었어요. 모두 숨소리도 죽이고 루이를 지켜보았어요. 커다란 교실 안에 선생님의 시 낭독 소리와 루이가 철필로 점 찍는 소리만 울려 퍼졌어요.

이윽고 루이가 받아 적은 시를 읽기 시작했어요. 루이는 시를 한 글자도 틀리지 않고 또박또박 읽었어요.

학생들의 입에서 감탄이 터져 나왔어요.

왕립 맹아 학교의 학생들이 가장 바라는 게 무엇일까요? 바로 자유롭게 읽고 쓰는 것이었어요. 그 바람을 고작 15살의 소년 루이가 이루어 낸 거예요.

"우리도 이제 일기를 쓸 수 있는 거야?"

"서로 멀리 떨어져 지내도 편지를 쓸 수 있겠다!"

왕립 맹아 학교의 학생들은 기쁨에 부풀었어요.

루이는 그 뒤로도 점자를 고치고 발전시켜 나갔어요. 루이의 점자는 왕립 맹아 학교에 빠르게 퍼져 나갔어요. 전에는 수업 시간에 선생님의 목소리만 들렸다면, 이제는 수업 시간에 학생들이 철필로 점 찍는 소리가 함께 들렸어요.
　"수업 시간에 배운 걸 적어 놓을 수 있어서 좋아."
　"전에는 모두 외워야 했는데. 자꾸 까먹어서 물어보고, 또 물어보느라 창피했어. 이제는 안 그래도 돼."
　루이는 1828년 학교를 졸업한 뒤 가브리엘과 함께 그 학교의 선

생님이 되었어요. 1829년에는 오늘날의 알파벳 점자와 같은 '브라유 점자'를 완성하고 『시각 장애인을 위한 점 글자』라는 책도 냈어요. 루이는 시각 장애인이 쓸 수 있는 점자 악보도 연구했어요. 1852년 눈을 감을 때까지 점자 연구를 이어 갔답니다.

　루이 브라유의 도전은 세상에 시각 장애인을 위한 새로운 문자를 탄생시켰어요. 한동안 왕립 맹아 학교에서만 쓰였던 브라유 점자는 서서히, 서서히 마치 가랑비처럼 시각 장애인들의 삶 속으로 젖어 들어갔어요. 프랑스 전국으로, 유럽으로, 다른 대륙으로 퍼져나갔지요. 시각 장애인들은 브라유 점자를 통해 문자를 배우고, 브라유 점자로 된 책을 읽을 수 있었어요. 자기 마음을 글로 적어 간직할 수 있게 된 거예요. 루이 브라유가 만든 점자는 세상의 모든 시각 장애인에게 지식의 문을 활짝 열어 주었답니다.

인문철학 왕 되기

만일 나라면?

의지를 가지고 계속 도전을 하면 언젠가는 내가 좋아하는 것을 발견하고 행복하게 살 수 있을 것 같아.

나는 그런 것 같은데. 루이의 도전 덕분에 맹인들이 쉽게 읽을 수 있는 점자로 교육을 받을 수 있었잖아.

그런데 나의 도전 의지가 나 말고 다른 사람에게도 도움을 줄 수 있을까?

그래. 뭉치가 답을 잘해 주었구나. 개인의 도전 의지가 서로 연결되어 이 세상 전체에 좋은 영향력을 끼친 거란다.

우리가 좋아하는 것과 잘할 수 있는 것이 서로 같다면 선택하고 도전하는 데 걱정이 없을 거예요. 하지만 좋아하는 것과 잘할 수 있는 것이 다르다면 무엇을 선택해야 할까요?

실패를 계속하더라도 좋아하는 것을 선택한다.

왜냐하면

좋아하지는 않지만 내가 잘할 수 있는 일을 찾아 새롭게 도전한다.

왜냐하면

나만의 상상 요리에 도전하기!

자, 너희들도 상상력을 발휘하여 맛있는 요리를 한번 만들어 볼래? 아래의 재료가 아니더라도 너희들이 넣고 싶은 것을 마음대로 넣어서 다른 사람들이 맛있어 할 음식을 만들어 보렴. 그리고 접시에 예쁘게 그려 줄래?

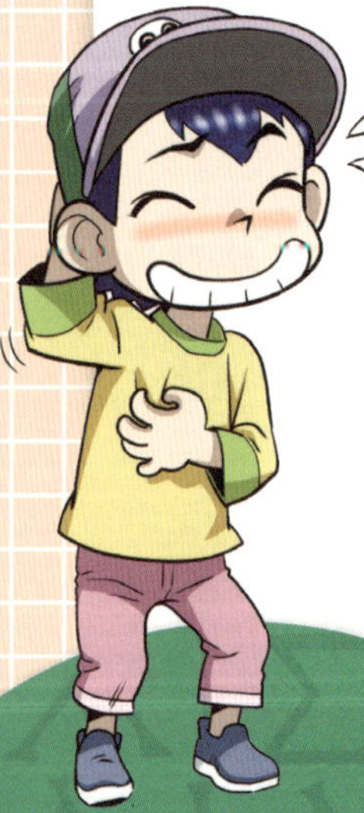

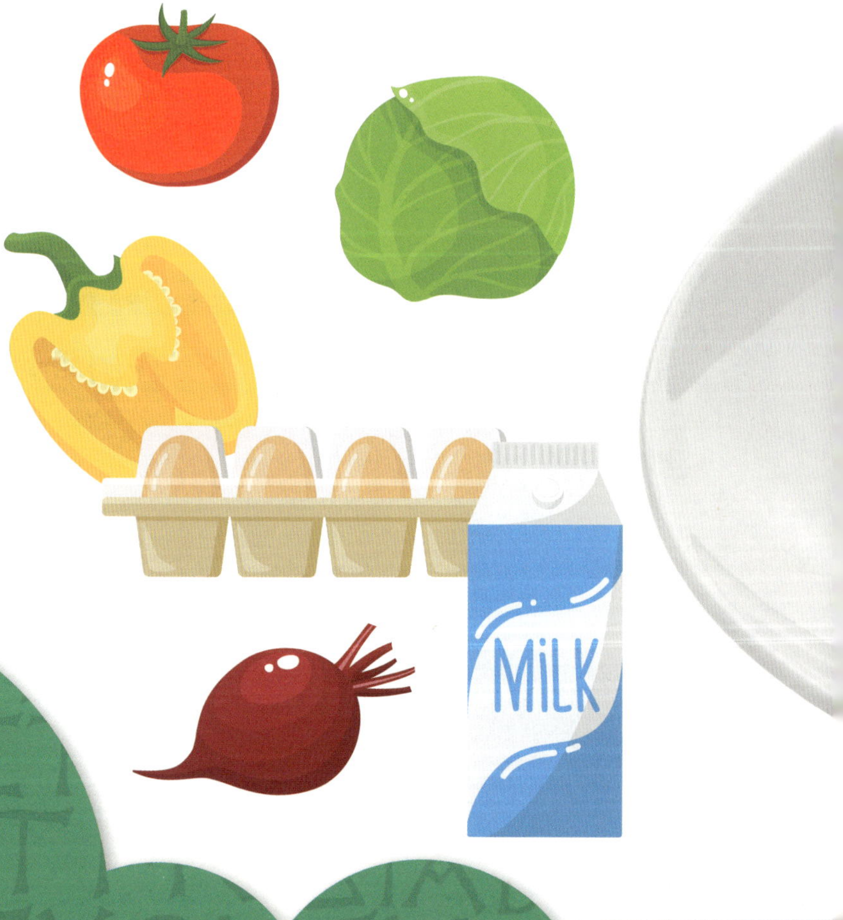

200만 부 판매 돌파!

이제 AI시대 미래 토론

✅ 뭉치북스가 만든 국내 최초 토론책!   ✅ 초등 국어
✅ 한국디베이트협회와

- 01 함께 사는 로봇
- 02 원시인도 모르는 공룡
- 03 더 멀리 더 높이 더 빨리 스포츠 과학
- 04 까만 우주 속 작은 별
- 05 노벨도 깜짝 놀란 노벨상
- 06 지켜라! 멸종 위기의 동식물
- 07 도로시의 과학 수사대
- 08 살아 있는 백두산
- 09 콜록콜록! 오늘의 황사 뉴스
- 10 앗! 이런 발명품, 와! 저런 발명품
- 11 아낄수록 밝아지는 에너지
- 12 과학 Cook! 문화 Cook! 음식의 세계
- 13 과학을 훔친 수상한 영화관
- 14 끝없이 진화하는 무서운 전염병
- 15 지구 온난화와 탄소배출권
- 16 먹을까? 말까? 먹거리 X파일
- 17 우리 몸을 흐르는 피와 혈액형
- 18 진짜? 가짜? 가상현실과 증강현실
- 19 두근두근 신비한 우리 몸속 탐험
- 20 우리를 위협하는 자연재해
- 21 봄? 가을? 경계가 모호해지는 사계절
- 22 세균과 바이러스 꼼짝 마! 약과 백신
- 23 생태계의 파괴자? 외래 동식물
- 24 팔팔팔~ STOP!!! 우리나라도 위험해요, 소중한 물
- 25 오늘도 나쁨! 작아서 더 무서운 미세먼지
- 26 식량 위기에서 인류를 구할 미래 식량
- 27 썩지 않는 플라스틱 지구와 인간을 병들게 하는 환경 호르몬
- 28 나와 똑같은 또 다른 나, 인간 복제
- 29 미래의 디지털 첨단 의료
- 30 땅속 보물을 찾아라! 지하자원과 희토류
- 31 농사일부터 우주 탐사까지, 미래는 드론 시대
- 32 알쏭달쏭 미지의 세계, 뇌
- 33 얼마나 작아질까? 어디까지 발달할까? 나노 기술과 첨단 세계
- 34 찾아라! 생명체가 살 수 있는 또 다른 별, 제2의 지구
- 35 배울수록 더 강해지는 인공 지능
- 36 창조론이냐? 진화론이냐? 다윈이 들려주는 진짜진짜 진화론
- 37 모두모두 소중한 생명! 멈춰요 동물 실험
- 38 유해할까? 유용할까? 생활 속 화학 물질
- 39 46억 년의 비밀, 생명을 살리는 지구
- 40 과학자가 가져야 할 덕목, 과학자 윤리와 책임

경기도 사서협의회 추천도서 · 한국교육문화원 추천도서 · 아침독서 추천도서

100만 부 판매 돌파!

수학이 쉬워지고, 명작보다 재미있는
뭉치수학왕

정부 기관 선정 우수 도서상을 많이 수상한 믿을 수 있는 시리즈!

뭉치 수학왕 시리즈는 미래의 인재로 키워 줘!

+

"인공지능(AI) 시대의 힘은 수학에서 나온다!"

개념 수학

〈수와 연산〉
1. 양치기 소년은 연산을 못한대
2. 견우와 직녀가 분수 때문에 싸웠대
3. 가우스, 동화 나라의 사라진 0을 찾아라
4. 가우스는 소수 대결로 마녀들을 물리쳤어
5. 앨런, 분수와 소수로 악당 히들러를 쫓아내라
6. 약수와 배수로 유령 선장을 이긴 15소년

〈도형〉
7. 헨젤과 그레텔은 도형이 너무 어려워
8. 오일러와 피노키오는 도형 춤 대회 1등을 했어
9. 오일러, 오즈의 입체도형 마법사를 찾아라
10. 유클리드, 플라톤의 진리를 찾아 도형 왕국을 구하라
11. 입체도형으로 수학왕이 된 앨리스

〈측정〉
12. 쉿! 신데렐라는 시계를 못 본대

13. 알쏭달쏭 알라딘은 단위가 헷갈려
14. 아르키는 어림하기로 걸리버 아저씨를 구했어
15. 원주율로 떠나는 오디세우스의 수학 모험

〈규칙성〉
16. 떡장수 할머니와 호랑이는 구구단을 몰라
17. 페르마, 수리수리 규칙을 찾아라
18. 피보나치, 수를 배열해 비밀의 방을 탈출하라
19. 비례배분으로 보물섬을 발견한 해적 실버

〈자료와 가능성〉
20. 아기 염소는 경우의 수로 늑대를 이겼어
21. 파스칼은 통계 정리로 나쁜 왕을 혼내 줬어
22. 로미오와 줄리엣이 첫눈에 반할 확률은?

〈문장제〉
23. 개념 수학–백점 맞는 수학 문장제①
24. 개념 수학–백점 맞는 수학 문장제②
25. 개념 수학–백점 맞는 수학 문장제③

융합 수학
26. 쌍둥이 건물 속 대칭축을 찾아라(건축)
27. 열차와 배에서 배수와 약수를 찾아라(교통)
28. 스포츠 속 황금 각도를 찾아라(스포츠)
29. 옷과 음식에도 단위의 비밀이 있다고?(음식과 패션)
30. 꽃잎의 개수에 담긴 수열의 비밀(자연)

창의 사고 수학
31. 퍼즐탐정 셜록홈즈①–외계인 스콜피오스의 음모
32. 퍼즐탐정 셜록홈즈②–315일간의 우주여행
33. 퍼즐탐정 셜록홈즈③–뒤죽박죽 백설 공주 구출 작전
34. 퍼즐탐정 셜록홈즈④–'지지리 마란드러' 방학 숙제 대작전
35. 퍼즐탐정 셜록홈즈⑤–수학자 '더하길 모테'와 한판 승부

36. 퍼즐탐정 셜록홈즈⑥–설국언차 기관사 '어러도 달리능기라'
37. 퍼즐탐정 셜록홈즈⑦–해설 및 정답

수학 개념 사전
38. 수학 개념 사전①–수와 연산
39. 수학 개념 사전②–도형
40. 수학 개념 사전③–측정·규칙성·자료와 가능성

독후 활동지

본책 40권+독후 활동지 7권
정가 580,000원